5-7세(유치부)
교회학교용

예수님의 꿈아이 예꿈

하나님을 신뢰해요 D

I Trust God

두란노

차례 contents

예꿈 D

초판발행 | 2006. 9. 29
개정 6쇄 | 2023. 9. 2
등록번호 | 제3-203호
등 록 처 | 서울시 용산구 서빙고로 65길 38
발 행 처 | (사)두란노서원
영 업 부 | 2078-3333
출 판 부 | 2078-3437

ISBN 978-89-531-2066-2 (04230)

연구위원 | 김정순, 김윤미, 김현경, 박길나, 이은연, 이은정, 이향순, 표순옥, 한인숙
디 자 인 | 김진화 **일러스트** | 박현주, 임선경, 정효은, 지민규, 최정연 **사진** | 정화영

※이 책은 CRC(Christian Reformed Church, 미국개혁교회)publications의 《Life》를 바탕으로 두란노 예꿈 교재 연구팀이 한국 실정에 맞게 개발한 도서입니다.

1과
예수님은
바울을
변화시키셨어요

바울이 달라졌어요

책 만들기

예수님은 예수님을 미워한 바울을 사랑하고 변화시키셨어요.
나를 사랑하시고 예수님의 일꾼으로 만드신 예수님에게 사랑을 고백해요.
표정에 맞는 말풍선을 붙이고 바울이 어떻게 달라졌는지 살펴보세요.

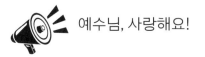

예수님, 잘못했어요. 용서해 주세요.
예수님 믿는 사람을 괴롭힐테야!

얼굴을 그리거나 사진을 붙이세요.

사울아, 너는 왜 나를 괴롭히느냐?
예수님을 믿으세요! 예수님, 사랑해요!

친구를 위해 기도하며 도와요

바구니 내리기

어려울 때 믿음의 친구들이 우리를 위해 기도해요. 우리도 친구들을 위해 기도하며 도울 수 있어요.

이렇게 만들어요

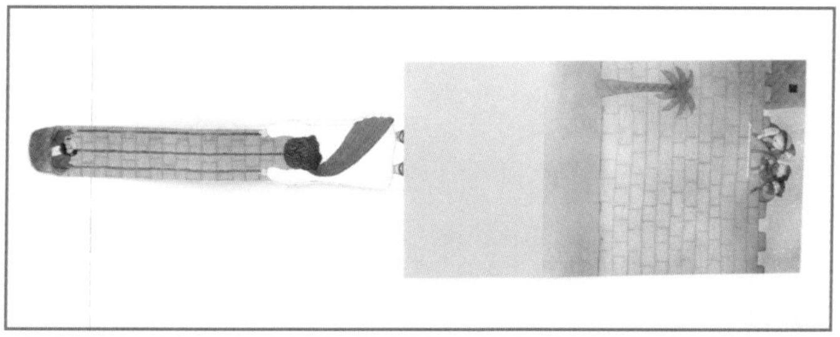

① 25쪽 그림을 떼어 6쪽 그림에 이어 붙입니다.

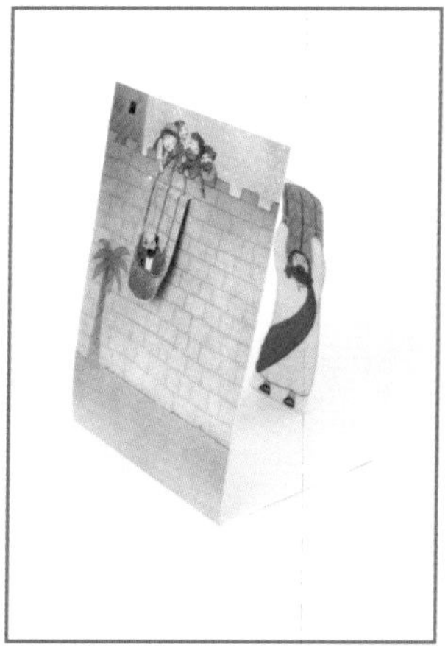

② 선대로 접고 칼선에 바구니를 끼웁니다.

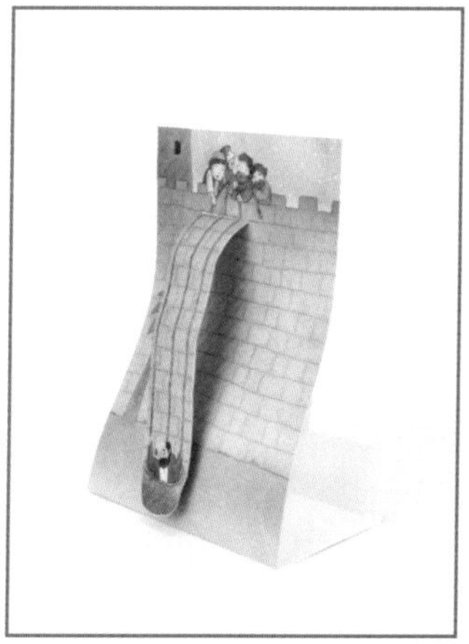

③ 바구니를 천천히 내립니다.

복음을 전해요

이야기 보드 만들기

예수님을 전하다 매를 맞고 감옥에 갇힌 바울과 실라는 하나님을 찬양하며 기도했어요.
감옥을 지키던 간수와 그의 가족은 어떻게 되었나요?

이렇게 만들어요

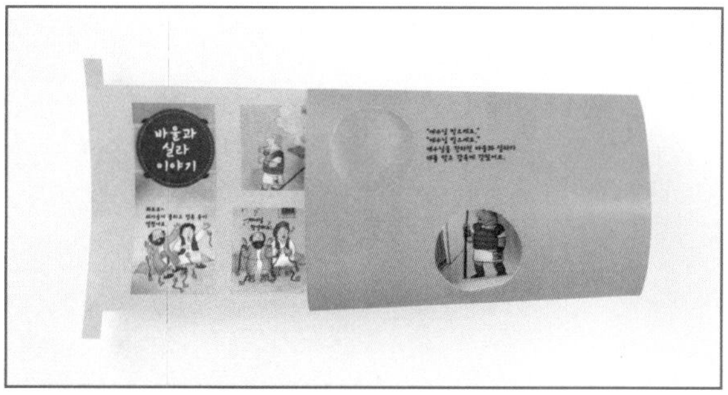

① 27쪽 그림으로 덮개를 만들고 8쪽 그림 위에 끼웁니다.

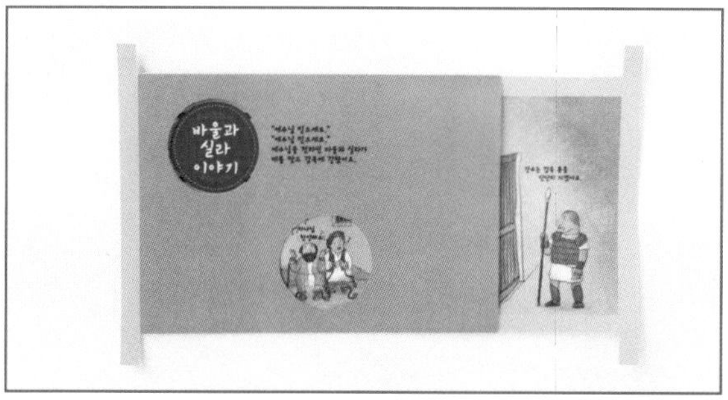

② ○속 그림을 살펴보며 이야기를 읽어 봅니다.

③ 덮개를 움직여 다음 이야기를 살펴봅니다.

④ 뒷면의 간수와 그 가족의 이야기로 마무리합니다.

죄수들이 도망했을까 봐 겁내던 간수는 바울에게 물었어요.
"어떻게 해야 구원을 얻을 수 있습니까?"

4과

예수님은 우리
모두를 안전하게
지키세요

우리 모두를 지켜 주시는 하나님

바울과 나

두려울 때 바울은 하나님을 믿고 기도했어요. 바울 이야기를 읽은 뒤, 나의 경험을 빈칸에 적어 보세요.

예수님을 전하다 잡힌 바울은 로마에 재판을 받으러 가게 되었어요.
나는 __________에게
예수님을 전했어요.
바울과 사람들은
로마로 가는 배에 올랐어요.
폭풍과 파도가 거세졌어요.
사람들은 모두 두려워 떨었지요.
무서워서 음식도 먹지 못했어요.
두려워 하지 마십시오. 하나님께서 우리의 생명을 지키십니다.
바울은 예수님의 이름으로 기도했어요.
나는 __________할 때
정말 무서워요.
하나님은 바울과 사람들을 모두 안전하게 지키셨어요.
하나님은 ____________할 때도
나를 안전하게 지켜 주세요.

하나님께서 지켜 주심을 믿어요!

복음을 전해요

전도지 만들기

복음 전도지를 완성하여 친구들에게 복음을 전해요.

이렇게 만들어요

① 29쪽 그림을 선대로 접어 전도지를 만듭니다.

② 번호 순서대로 문을 열어 가며 친구에게 이야기합니다.
"예수님은 너를 사랑해!"
"예수님은 너를 정말 사랑해!"
"예수님은 너를 정말 정말 사랑해!"
"예수님은 너를 정말 정말 정말 정말 사랑해!"

③ 순서대로 이야기하고, "넌 예수님을 믿겠니?" 라고 질문한 뒤, 사인을 받습니다.

④ "이제부터 예수님은 언제나 너와 함께 계셔!" 라고 말한 뒤 전도지를 선물합니다.

예수님은 ○○를 사랑하세요!

6과

하나님은 요셉을 돌보셨어요

요셉의 하나님이 나도 지키세요

안전한 하나님의 품

내가 무서울 때 하나님께서 나를 보호해 주시니 무섭지 않아요.

① 31쪽 팔과 상황 그림을 붙입니다.

② "하나님, 도와주세요!"라고 말하고 팔을 감쌉니다.

나를 지켜 주시는 하나님, 감사합니다.

7과
요셉은
하나님을
믿었어요

놀라운 요셉 이야기

촉감 책 만들기

요셉은 언제나 하나님을 믿고 따랐어요. 나도 하나님을 믿고 따를래요.

이렇게 만들어요

① 33쪽 요셉 이야기를 떼어 내고 번호 순서대로 접어서 책을 만듭니다.

② 촉감 재료를 만져 보며 느낌을 이야기합니다.

③ 모양 종이를 떼고, 요셉 이야기의 각 장면에 맞는 촉감 재료를 찾아 붙입니다.

나를 지키시는 하나님, 감사합니다!

하나님, 할 말 있어요

기도하기

어떤 상황에서든 기도해요. 나의 기도를 하나님이 들으시고 함께해 주세요.

이렇게 만들어요

① 줄에 빨대 조각을 끼워 하나님과 장면들을 연결해 붙입니다.

② 31쪽 하트 그림을 빨대 위에 붙입니다.

③ 각 장면의 상황을 이야기하고 기도한 뒤 하트를 옮겨 하나님의 사랑을 느낍니다.

나의 기도를 들으시는 하나님, 나와 함께하시는 하나님!

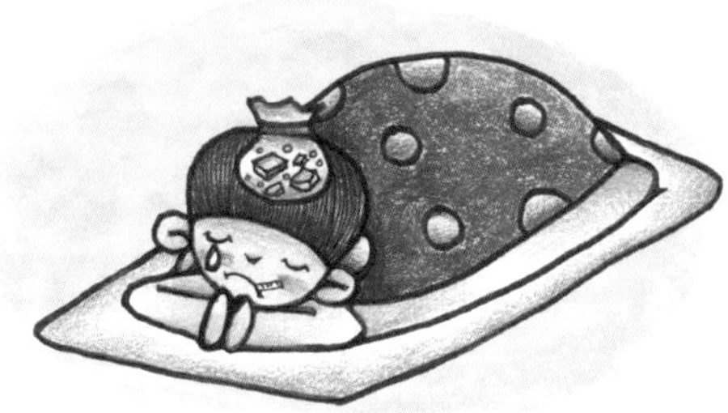

9과

사무엘은
하나님의 말씀을
들었어요

사무엘의 방

디오라마 만들기

"사무엘아! 사무엘아!" 하나님께서 부르세요.

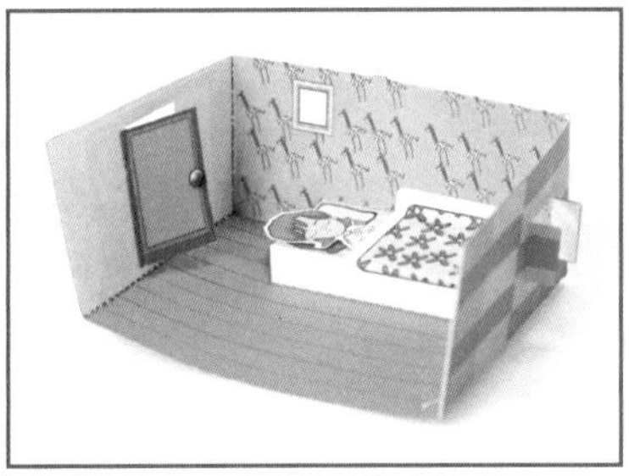

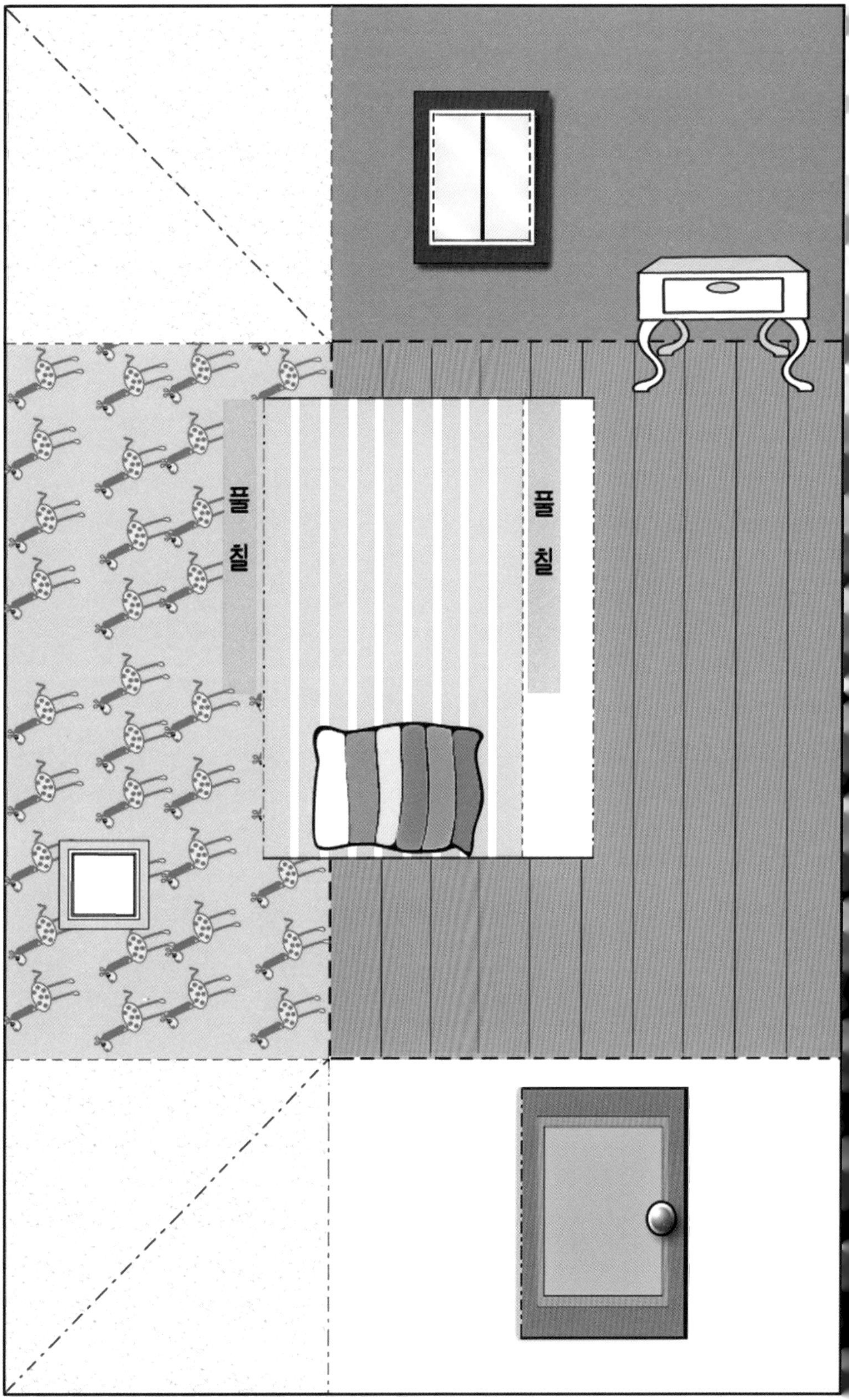

하나님 말씀하세요. 제가 들을게요!

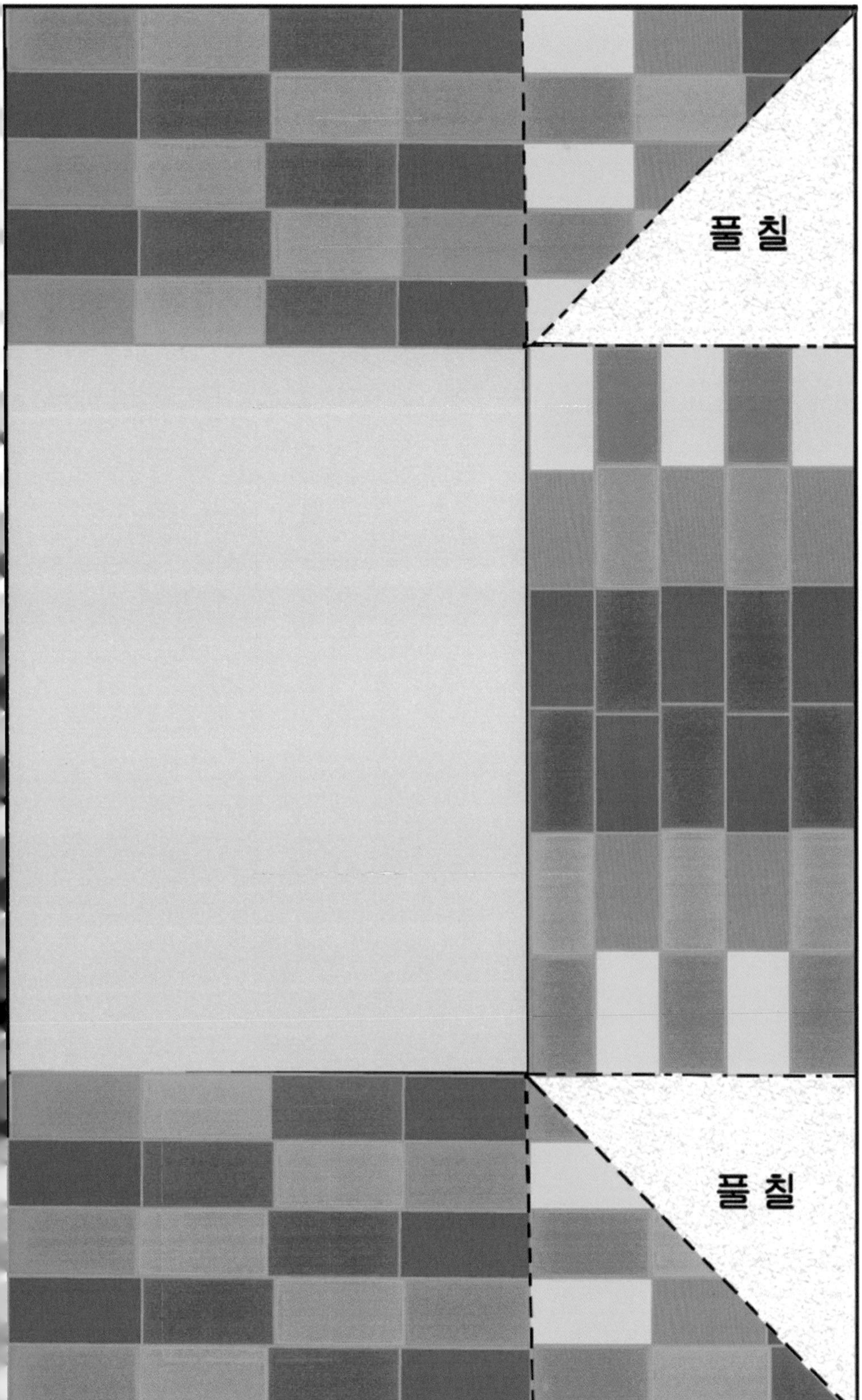

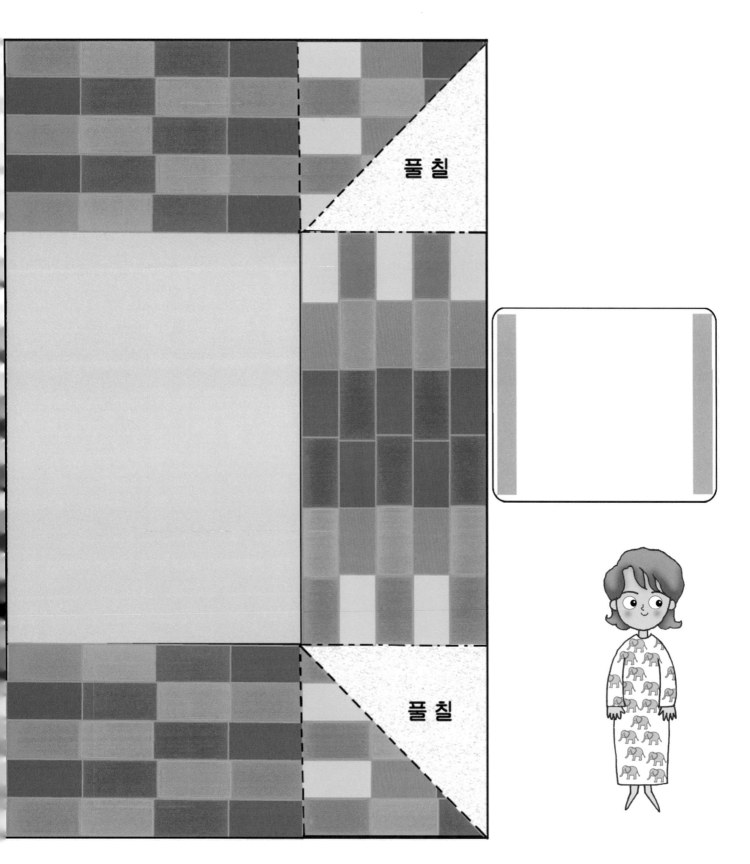

예수님을 손꼽아 기다려요

크리스마스 장식 만들기

하나님의 약속, 예수님을 기다려요. 하루, 이틀, 사흘, 나흘….
하루하루 종이를 연결하면서 긴 장식 줄을 만들어서 꾸며요.

이렇게 만들어요

① 예쁜 줄이나 끈, 색종이 고리를 연결하여 장식 줄을 만듭니다.

② 고리나 빨래집게 등으로 장식을 달고 방문이나 벽에 붙입니다.

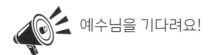

예수님을 기다려요

하늘에는 영광
땅에는 평화
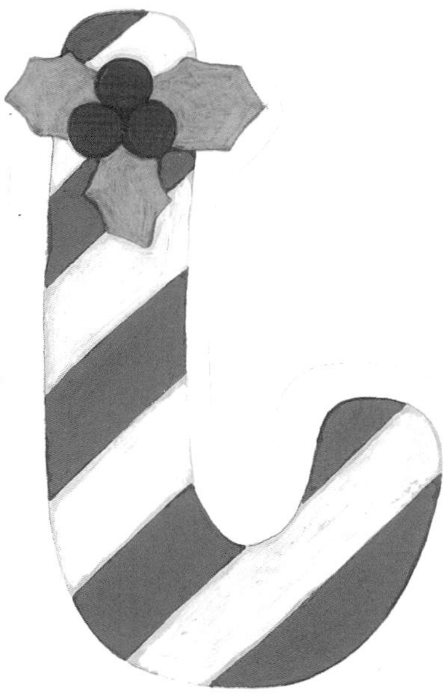

메리 크리스마스

Merry
Christmas

천사와 마리아

줄 인형 만들기

천사가 마리아에게 말했어요.
'아기 예수님의 엄마가 될 거예요.'
마리아는 기뻐하며 하나님을 찬양했어요.

이렇게 활동해요

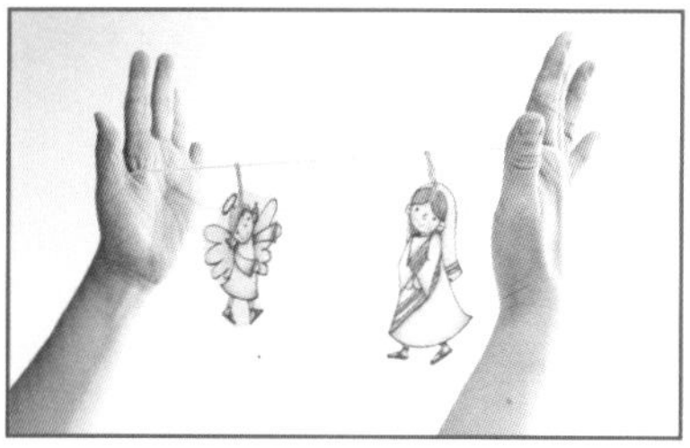

① 천사와 마리아 그림을 털실에 끼우고 털실을 둥글게 묶습니다.
② 양손이나 무릎, 발목에 걸고 이리저리 움직여 천사가 마리아에게 다가가도록 하고 예수님의 탄생을 알리는 이야기를 들려줍니다.

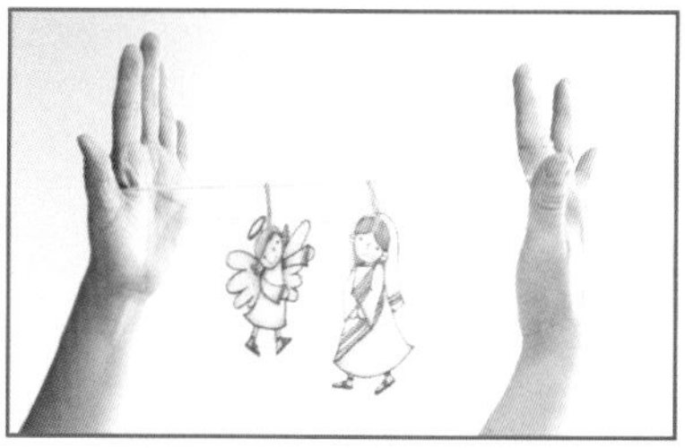

예수님이 우리를 위하여 오셨어요!

예수님이 태어나셨어요

마구간 만들기

아기 예수님이 태어나셨어요.
들에서 양을 치던 목자들이 이 소식을 듣고 기뻐했어요.
그런데 예수님이 마구간에서 태어나신 이유는 무엇일까요?

예수님이 태어나셔서 기뻐요!

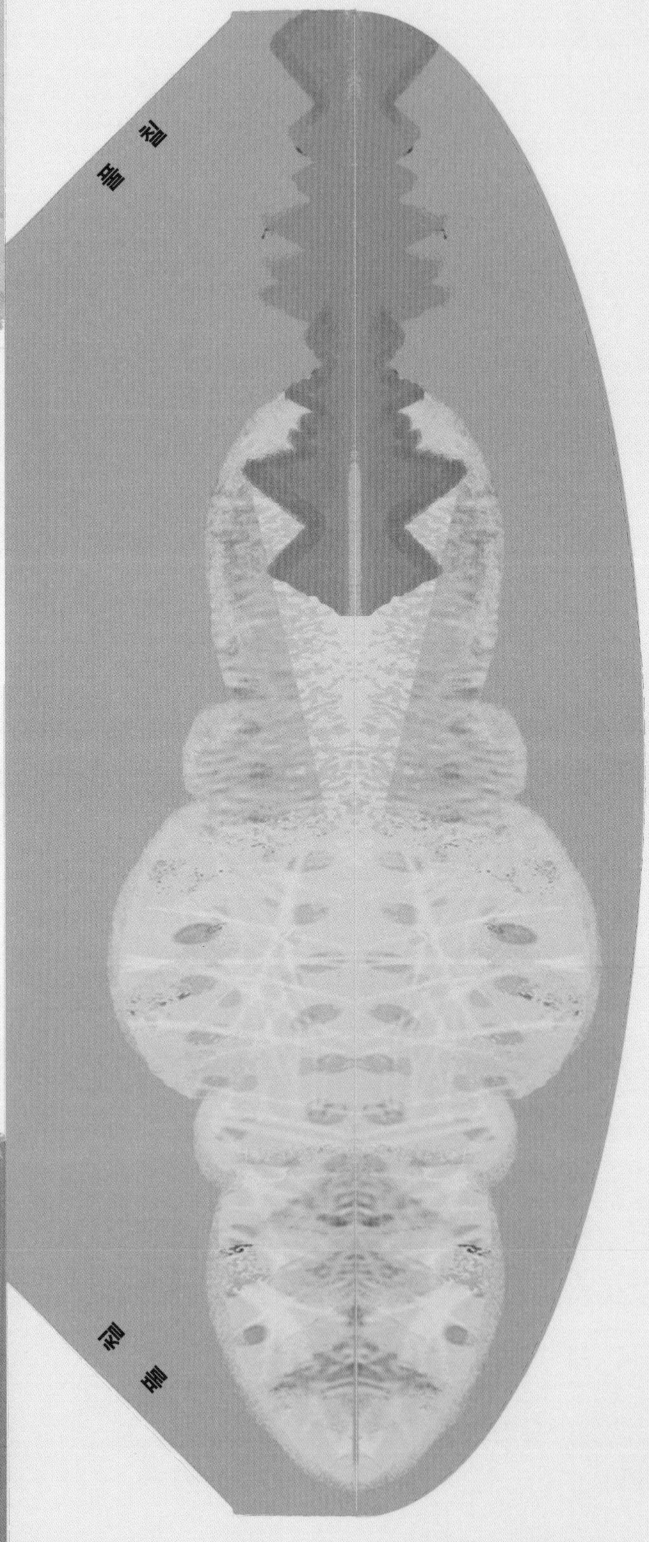

25쪽 구유와 동물 그림을 붙이세요.

예수님의 생일 선물

선물 만들기

예수님 생일 축하해요! 예수님에게 어떤 선물을 드릴까요?
그림이나 사진으로 선물 상자를 채워 보세요.

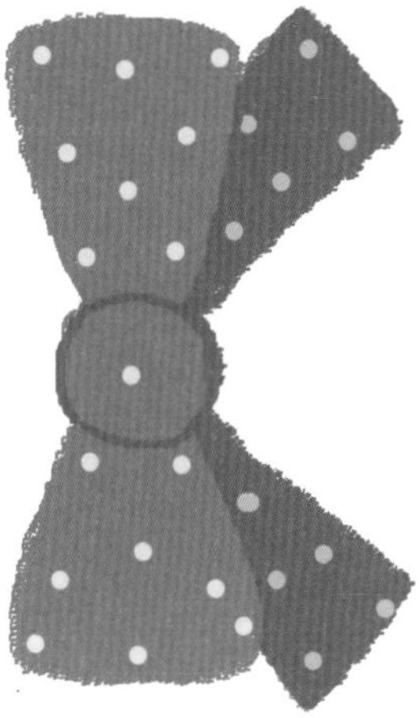

예수님, 생일 축하해요!

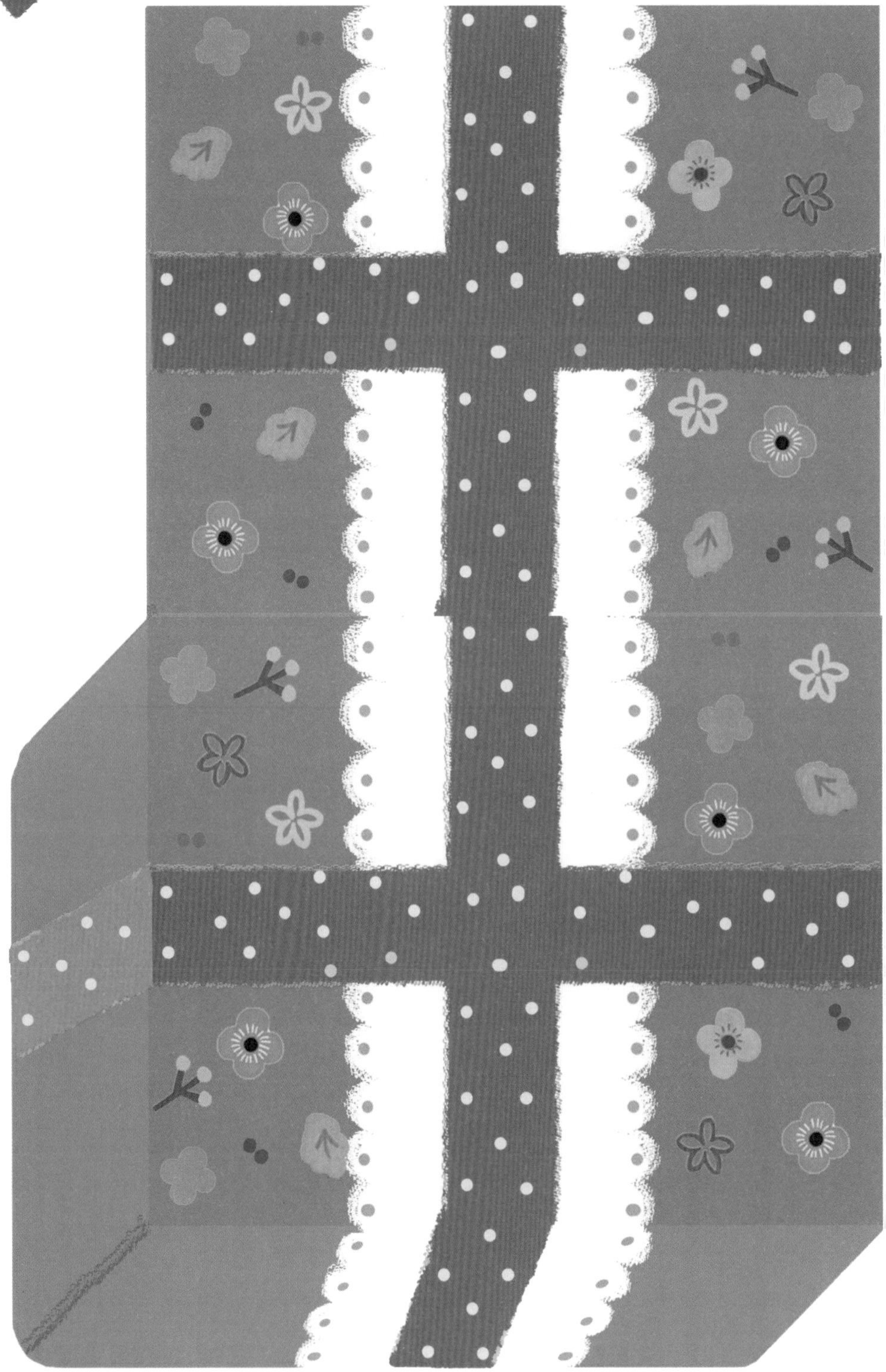

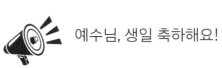

* 12과

풀 칠

풀 칠

풀 칠

풀 칠

* 2과

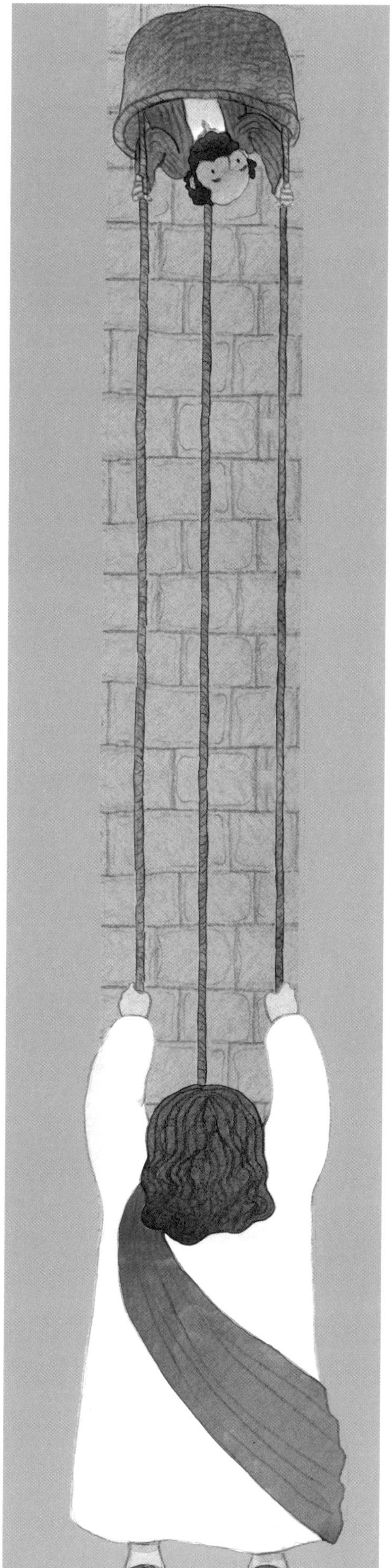

풀 칠

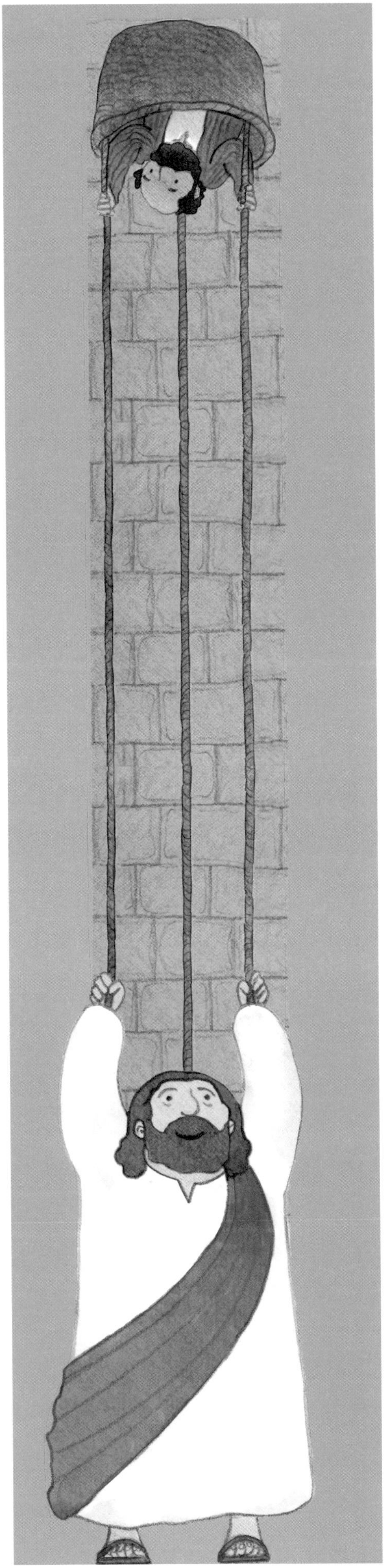

"주 예수를 믿으라 그리하면 너와 네 집이 구원을 받으리라."
간수와 그의 가족은 모두 예수님을 믿고 세례를 받았어요.

"예수님 믿으세요."
"예수님 믿으세요."
예수님을 전하던 바울과 실라가
매를 맞고 감옥에 갇혔어요.

풀 칠

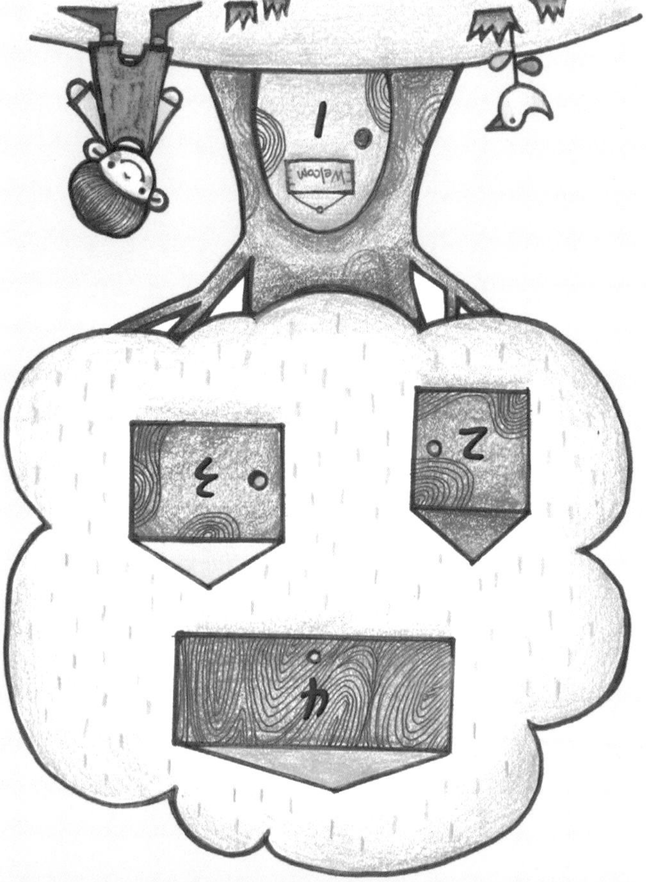

번호 순서대로 문을 열어 보세요.

이제부터 예수님이 언제나 너와 함께 계셔!

하나님이 너를 위해
세상을 만드셨어.

하나님이 너를 위해
예수님을 보내 주셨어.
예수님이 너의 죄를
깨끗이 씻어 주셨어.

예수님을 믿으면
하나님의 아들딸이 되는 거야.

너는 예수님과 함께
천국에서 살게 될 거야.

넌 예수님을 믿겠니?

(사인)

정말 정말 정말 정말
사랑해!

정말 정말
사랑해!

정말
사랑해!

하나님은
너를
사랑해!

* 6과

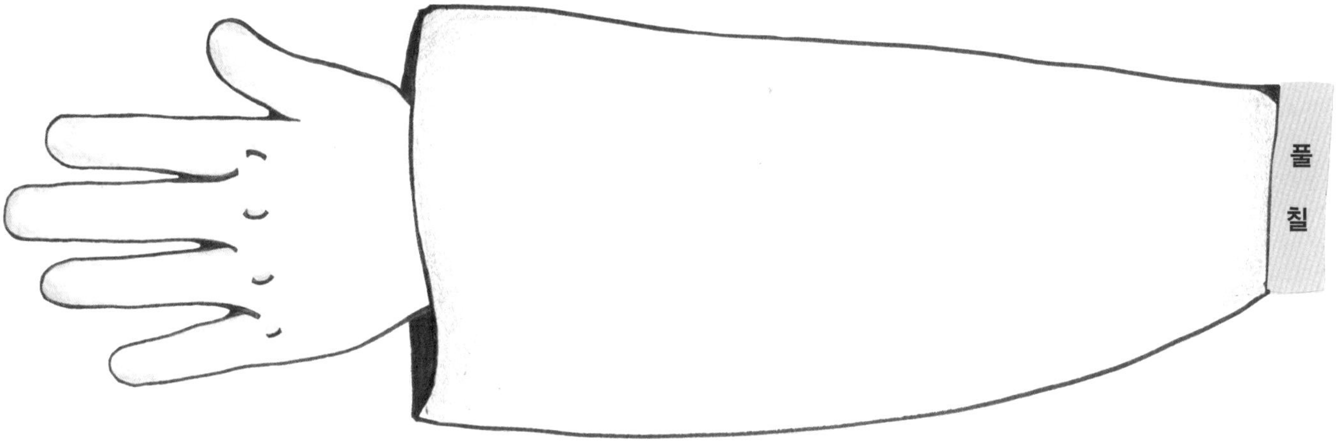

* 8과